Inhalt

2. Auflage 2021
© 2020 Verlag Heiderose Fischer-Nagel,
Brunnenstraße 7, D-34286 Spangenberg
Tel.: 05663-280, Fax: 05663-6562
E-Mail: fischer-nagel@t-online.de, URL: www.fischer-nagel.de
Alle Rechte, auch die der Bearbeitung oder auszugsweisen Vervielfältigung
gleich durch welche Medien, vorbehalten.
Fotos: 4, 12u.l.,13 u.l., 30, 31 u.l., 38u., 39 beide, 45 beide: Dr. Bernd Stein;
Über shutterstock:U1:
2-3, 9u.r.: PavlovaSvetlana; 5: Edwin Butter; 6 o.l. : Sergey Uryadnikov; 6 u.l.: agsaz; 6 u.M.: Breaking The Walls; 6 u.r.: Jose Ignacio Soto; 7 o.l.: Stefan Schug; 7 l.: Dan Breckwoldt; 7 o.M.: Evannovostro;
8 l. 16 o., 24: Piotr Krzeslak; 9 l.: Paolo-manzi; 9 o.r.: Christian Musat; 10: PatagoniaLandscapes; 10 u.r., 11o.r.: WildlifeWorld; 11, 17 u.r.,19 u.r., 34 M.,35 o.l. : Harry Collins Photography;
12, 23,33 o., : Vladimir Kogan Michael; 13 o.r., 16 l., 26 o., 41 o.r. : Dennis Jacobsen; 13 M.r.: Holger Kirk; 14, 15 o. : Wang LiQiang; 15 u.: CRS PHOTO; 17 o.r.: Pim Leijen; 18 u.r.: Menno Schaefer; 19: Martin lane;
19: manatus; 20:Mark Medcalf; 21 l.: Olaf Oczko; 21 o.r.:Jan Gustavsson; 22 l.+u.r.: Brian E Kushner; 22 o.r.: Leeloona; 25 o.: Szczepan Klejbuk; 26 l.: LABETAA Andre; 26 u.l.: Hristo Peshev;
27 l., 28 u.r., 33 M.l.,: Vishnevskiy Vasily; 27 o.r., 35M.l.+ u.: Maksimilian; 27 u.r.: imageBROKER.com; 28: Montipaiton; 29, 41 o.l.: Szczepan Klejbuk; 29 u.l.: Jans weijer; 31o.l.: Daniel Dunca;
32 l.: Serguei Koultchitskii; 32 r.: serkan mutan; 33r., 38 o.: Paolo-manzi; 33 u.l.: Porojnicu Stelian; 33 u.r.: Jerry de Blok; 34 o.: Smiler99; 35 o.r.: Klaas Vledder; 35 u.r.: FJAH; 36:Rawpixel.com;
37:Krasula; 37 l.: Rahhal; 40 o.l.+u.: CezaryKorkosz; 40 o.r.: Nick Vorobey; 41u.: ShaunWilkinson; 42u.:feathercollector; 43o.: RoSeyms Brugger; 44: stislav Stach;
Druck: Grafisches Centrum Cuno GmbH & Co. KG, Calbe
Printed in Germany
ISBN 978-3-930038-84-8

Heiderose und Andreas Fischer-Nagel

Mächtige Greifvögel

Verlag Heiderose Fischer-Nagel

Adler und Falken
Symbole für Macht und Stärke

Was für majestätische Flieger voller Kraft und Stärke! Kein Wunder, dass wir diese fantastischen Greife als Wappentiere nutzen. Mächtig wie ein Adler zu sein, kraftvoll und selbstbewusst, ein wahrhafter König der Lüfte – wer wollte nicht so sein?

Der ägyptische Gott Horus, der Gott des Lichtes, des Lebens, Götterbote und Beschützer der Kinder wurde stets entweder mit einem Falkenkopf *(Bild links)* oder selbst als Falke *(Statue rechts)* mit Krone abgebildet. Das falkengleiche Auge des Horus steht für Sonne und Mond und ist ein mächtiges Schutzsymbol *(Bild unten Mitte)*.

Bilder und Statuen von Horus findest du in Ägypten überall, in den Hieroglyphen, die in Stein gemeißelt in den Wänden der königlichen Grabkammern und in den Palästen am Nil von ihm erzählen, in den Schriftrollen und auf den tollen Papyrusbildern.

Adler waren Symbole von Königen in Europa und von Indianern in Amerika. Der Name »Häuptling Adlerauge« zeugte nicht nur von Macht und Stärke, sondern wies gleich auf das fantastische Sehvermögen und den Weitblick des Namensträgers hin. Die Adlerfedern wurden für mutige Taten verliehen, eben nur an Häuptlinge, Krieger und Helden.

Die Feder galt als Verbindung zum Himmel, zum großen Gott Manitu, die Falken selbst als Botschafter, als mutige Kämpfer. Nicht selten verwandelten sich Helden in Falken, um schnell, mutig und listenreich handeln zu können.

Heute zieren nach wie vor Adler als Machtsymbole viele Länderwappen, wie z.B. in Russland der doppelköpfige Adler *(Bild oben)*, in Österreich *(unten rechts)*, Amerika und bei uns *(unten links)*.

Totempfähle der nordamerikanischen Indianer tragen häufig als oberste Tierfigur einen Adler, der die Macht und Stärke der Familie oder des Verstorbenen demonstriert.

Bestimmt hat jeder von euch schon eine deutsche 1€- oder 2€-Münze mit dem Bundesadler auf der Rückseite in der Hand gehabt.
Greifvögel zieren auch Münzen Geldscheine, Fahnen und Briefmark,en vieler anderer Länder.
Mit Federn von Greifen haben unsere Vorfahren geschrieben. So mancher Staatsvertrag wurde mit dem in Tinte getauchten Kiel einer Adlerfeder unterzeichnet.

Mächtige Greifvögel

Am strahlend blauen Himmel ziehen zwei große Vögel ihre Kreise. Nur selten scheinen sie dabei ihre Flügel zu bewegen. Immer höher hinauf schrauben sie sich, bis sie schließlich als kleine Punkte in den Wolken verschwinden. Nur ihr Ruf dringt zu uns hinab, ein lang gezogenes »Wjiea«.
Doch endlich sehen wir sie wieder! Es sind Mäusebussarde.
Sie taumeln durch die Luft, scheinen sich fallen zu lassen, fangen den Fall mit ihren großen Flügeln wieder auf. Im Tiefflug geht es Richtung Waldrand.
Hier gleiten sie suchend entlang, ihr Schatten wandert über die Waldwiese. Einer von ihnen landet im Geäst einer Fichte, fliegt wieder los und stößt blitzartig auf die Wiese hinab.

Erwischt! Schon hält er eine Maus in seinen Krallen. Er hat sie gepackt, als sie gerade auf dem Weg in ihr sicheres Loch war. Wäre sie doch nur erstarrt sitzen geblieben, dann hätte er sie nicht entdeckt. So aber gab es kein Entkommen, nicht die kleinste Chance!

Greifvögel erkennst du an ihren mit kräftigen Krallen bewehrten Füßen, ihrem gekrümmten Schnabel und ihrer Jagdtechnik. Sie haben hervorragende Augen und sind super Flieger: ausdauernd, kraftvoll und majestätisch.
Manche Greifvögel sind riesig, andere nur so klein wie ein Spatz.
Leben sie in einem geeigneten, intakten Lebensraum, können sie älter als manch anderer Vogel werden.

Jäger und Aasfresser

Greifvögel sind Jäger und Aasfresser. Sie jagen aus der Luft, von einer Sitzwarte aus oder schreiten sogar zu Fuß los, um z.B. Insekten zu fangen.

Mit ihren Fängen, den Krallen, greifen und halten einige Arten ihre Beute nicht nur, sondern »erdolchen« sie. Zu diesen Jägern zählen Adler, Habichte und Bussarde. Die Füße der Greifvögel lassen also meist erkennen, um was für eine Art Jäger es sich handelt, denn die, die ihre Beute ausschließlich mit dem Schnabel töten, sind »Bisstöter«, wie z.B. die Falken. Sie haben nicht ganz so ausgeprägte, kräftige Krallen.

Vielleicht entdeckst du mal eine Stelle, an der ein Beutetier gefressen wurde. Reste davon, wie Fell oder Knochen, liegen oft noch da oder es sind nur Federn übrig geblieben. An der Art der Reste einer solchen »Rupfung« erkennt ein Vogelexperte, wer hier zugeschlagen hat *(unten der Habicht)*.

Die bekanntesten Aasfresser sind die Geier. Der Gänsegeier, besucht im Sommer gelegentlich die Alpen, brütet jedoch nicht bei uns.

Manche Greifvögel tragen ihre »Lieblingsspeise« im Namen, z.B.: Mäuse- und Wespenbussard oder Schlangenadler *(unten)*.

Weltweit verbreitet

Greifvögel gibt es fast überall auf der Welt. Die meisten Arten leben in Mittel- und Südamerika. Nur in der Antarktis suchst du sie vergeblich.

Einige Arten kommen auf allen Kontinenten vor, z.B. der Fischadler und der Wanderfalke. Sie finden überall passende Nahrung und Nistmöglichkeiten. Andere Arten leben nur in sehr kleinen Territorien, also Gebieten, weil sie auf ein bestimmtes Beutetier spezialisiert sind. Solche Territorien können in der Steppe liegen, im Wald, in der Wüste, am Meer, im Gebirge oder sogar in der Stadt.

Insgesamt leben ungefähr 300 verschiedene Greifvogelarten auf der Welt.

Der wahrscheinlich kleinste Greifvogel ist das auf Borneo (Indonesien) lebende Weißscheitelfälkchen, das nur 15 cm groß wird und gerade einmal 35 Gramm wiegt. Bei uns ist der Rotfußfalke mit 27 bis 32 cm einer der kleinsten Greife *(Bild rechts)*.

Der größte Greif ist der in den Bergen der Anden Südamerikas lebende Andenkondor.

Manche Männchen erreichen bei einer Körpergröße von etwa 120 cm ein Gewicht von 15 kg und haben eine Flügelspannweite von 310 cm!

Bei allen Greifen ist es vor allem die beeindruckende Flügelspannweite, die ihn besonders groß erscheinen lässt. Da stehen bei uns die Adler an der Spitze, aber auch der Rotmilan, der uns am Himmel so klein vorkommt.

Scharfsichtige Augen

Ohne seine fantastischen, scharfen Augen würde ein Greifvogel verhungern. Sie sind sein wichtigstes Werkzeug, um überhaupt erst einmal die Beute zu entdecken. Dennoch sieht er nicht alles, wie wir oft denken. Sein Opfer muss sich bewegen. Verharrt es still, kann der Vogel es auch nicht erkennen. Das Tolle jedoch ist, dass er kleinste Beutetiere aus großer Höhe wahrnimmt. Der Mäusebussard, der hoch am Himmel mit nach unten gerichteten Augen kreist, erkennt eine Maus, ein Wespenbussard eine winzig kleine Wespe und ein Fischadler einen Fisch, der munter durch den See schwimmt. Die Augen der Greifvögel verfügen über eine deutlich höhere Anzahl von Sehzellen, als wir sie haben. Sie können also viel schärfer und weiter sehen als wir. Das, was wir als Film wahrnehmen, erscheint bei ihnen in vielen Einzelbildern. Dazu kommt, dass sie ihre Opfer immer im Blick haben, selbst dann, wenn diese blitzschnell ihre Richtung ändern. Sie verfolgen die Beute schnell und in spektakulären Flugmanövern. Dabei bewegen sie den Kopf hin und her, weil sie nur nach vorn, aber weniger seitlich schauen können.

Das zeitliche Auflösevermögen ist dabei bei Greifvögeln deutlich höher als bei uns. Während sie bis zu 150 einzelne Bilder pro Sekunde erfassen, sehen wir weniger als 30.

Furchterregender Schnabel

Ein weiteres Merkmal ist der messerscharfe, mit Schneidekanten und Reißhakenspitze versehene Schnabel aus Horn. In den Winkeln ist er oft mit einer leuchtend gelben, weißlichen oder rötlichen Wachshaut überzogen, die meist sogar die Nasenlöcher mit einfasst. Der scharfe Schnabel ist für das Verzehren selbst zäher Beute super geeignet.

Je größer und kräftiger der Hakenschnabel, desto größer sind meist die Beutetiere. Stell dir vor: Die Greifvögel, die in Sibirien leben, müssen in der Lage sein, so schnell wie möglich kräftige Tiere mit dicker Haut und dichtem Fell aufzufressen. Die Beute gefriert nämlich schnell. Oder betrachte die Greife in Afrika, die die lederne Haut von Elefanten und Krokodilen aufreißen müssen, wenn sie Fleischstücke fressen wollen. Ich meine damit die Geier, die ja die Tiere nicht töten, sondern als Aas fressen.

Im Vergleich zu den gewaltigen Schnäbeln der Adler und Geier sind die vieler anderer Greife klein. Für kleine Beutetiere, also Mäuse, Eidechsen, kleine Vögel, Insekten und Schlangen, genügt eben ein deutlich kleinerer oder spezieller Schnabel.

Falken haben an ihrem Schnabel noch ein besonderes Merkmal, eine kleine Ausbuchtung rechts und links am Oberschnabel, den so genannten »Falkenzahn«. Falken nutzen den Schnabel zum Töten, sie sind Bisstöter.

Den auch bei uns lebenden Baumfalken (oben) könnte man auf den ersten Blick leicht mit dem Wanderfalken verwechseln. Er ist jedoch viel kleiner.
Wie alle Falken besitzt auch der große Gerfalke (unten) den auf diesem Bild gut erkennbaren »Falkenzahn«.

Alle Greifvögel benötigen zwar ihren kräftigen Schnabel zum Öffnen, Zerkleinern und natürlich Fressen der Beutetiere, aber getötet wird die Beute von vielen schon im Moment des Zugriffs mit den Krallen der Fänge.

Fänge wie Dolche

Die gefährlichste Waffe der Greifvögel sind die nadelspitzen Krallen, die kräftigen Fänge, mit denen sie zupacken. Viele Greife sind so genannte »Grifftöter«, so wie der Mäusebussard, der Steinadler oder der Habicht.

Sieh einmal dem Fischadler beim Beutefang zu! Seine Krallen packen wie eine Zange zu. Anders als die meisten Greife, die jeweils vier Zehen haben, drei nach vorn und eine nach hinten gerichtet, hat er eine Wendezehe, die er nach hinten drehen kann, sodass schließlich zwei Zehen vorn und zwei Zehen nach hinten eine echte Kneifzange ergeben. Der glitschige Fisch kann nicht mehr entkommen. Die Füße jedes Greifvogels haben sich der Jagdtechnik bestens angepasst, egal ob es der Fischadler mit seinen »Zangenzehen«, ein Mäusebussard, ein Adler mit besonders kräftigen Füßen und kürzeren Krallen ist oder die zum Graben gut geeigneten Füße des Wespenbussards.

Der Habicht tötet seine Beute mit scharfen Krallen.

15

Vier Flugtechniken

Wie mühelos kreisen die Greife in der Luft: Nur Schwanz und Flügelspitzen scheinen der Steuerung zu dienen. Sind die Vögel hoch am Himmel, erkennt nur der Spezialist die leichten Unterschiede im Flug der verschiedenen Arten.

Gleitflug

Dabei nutzen die Vögel die Bewegungen der warmen Luft, um Kräfte zu sparen. Sie lassen sich durch Aufwinde treiben. Ihre Flügel sind dabei weit und gerade ausgebreitet.

Um hoch aufzusteigen, nutzen sie diese Flugtechnik vor Bergen und Wäldern, an deren Rändern die warme Luft schnell nach oben steigt. So benötigen sie kaum einen Flügelschlag, um hoch oder über weite Strecken zu gleiten, was vom Boden aus besonders entspannt und majestätisch aussieht. Mit ihren scharfen Augen entdecken sie dennoch alles, was über Feld und Wiese rennt, kriecht oder krabbelt.

Die Aufwinde entstehen durch Luft, die sich am Boden durch die Sonne schnell stark erwärmt. Wie ein kräftiger Luftzug steigt sie vor kühleren Bergen und Wäldern nach oben. Das nutzen die Vögel und lassen sich von diesen Winden aufwärts tragen. Nur ab und zu schlagen sie mit den Flügeln. Dabei stellen sie die Federn ihrer Flügel so, dass sie luftundurchlässig sind wie die

Ruderflug und Suchflug

Für den Start und für kurze Strecken nutzen die Vögel den Ruderflug.

Gleichmäßig werden die Flügel mit Muskelkraft auf und ab geschlagen. Im Ruderflug streifen die Greife zuerst über ihre Jagdgebiete, um Beutetiere zu erspähen. Nach einigen kräftigen Flügelschlägen gehen sie in den Gleitflug über.

Tragflächen eines Flugzeugs. Diese kräftesparende Flugtechnik nutzen auch andere große Zugvögel, wie z.B. Störche auf ihren weiten Reisen.
Der Vogel mit der größten Flügelspannweite von über 350 cm ist der Wanderalbatross. Er braucht mehrere Stunden lang keinen einzigen Flügelschlag zu machen.

Je nach den wehenden Winden und dem, was die verschiedenen Greifvögel gerade entdecken, wechseln sie in Sekunden zu der jeweils besten Flugtechnik für die Situation.
Die seltene Kornweihe *(Bild unten)* hat einen gaukelnden Flug, wenn sie suchend über Wiesen und Felder fliegt. Plötzlich verharrt sie rüttelnd und stürzt dann herab, um Beute zu greifen

Das Turmfalkenweibchen *(oben)* »steht« im Wind. Das bedeutet, dass es sich nach wenigen Flügelschlägen nun mit angewinkelten Flügeln so gegen die Windrichtung richtet, dass es lange ohne einen Flügelschlag und ohne zu rütteln an einer Stelle bleibt, um Mäuse am Boden zu beobachten.

Der Wanderfalke *(oben)* segelt mit ausgebreiteten Schwingen suchend über das Gelände, um im nächsten Augenblick kurz zu rütteln und dann zum Beutefang in den senkrechten Sturzflug überzugehen.

Rüttelflug

Einige Greifvögel beherrschen den Rüttelflug, doch keiner rüttelt so perfekt wie die Falken. Ein Falke scheint in der Luft zu stehen. Seine Flügel bewegen sich sehr schnell, vor allem aber in einem solchen Winkel, dass der Vogel nicht vorwärts fliegt, sondern im Grunde nur einen starken Auftrieb erzeugt. Dabei ist der Schwanz meist gefächert und in Richtung Körper abgeknickt. Das Gewicht des Vogels und die Anziehungskraft der Erde stehen im Gleichgewicht mit der Kraftanstrengung des Vogels, in der Luft zu bleiben. Man sagt: Schwerkraft und Auftrieb sind gleich. Dafür braucht der Vogel enorm viel Kraft und nutzt für diese Position den Gegenwind. Sogar bei Windstille kann der Falke seine Position dabei halten.

Doch wann und wieso machen Falken und andere Greifvögel das?
Sobald sie beim Suchflug etwas entdeckt haben, beginnen sie zu rütteln, um zu sehen, ob da wirklich Beute ist. Lohnt es sich nicht in den Sturzflug zu gehen, fliegen sie weiter.
Meinen sie, dass es sich lohnt, rütteln sie so lange, bis die Maus leicht zu packen ist.

Junger Turmfalke mit einer Maus, die ihm von einem Elternvogel gebracht wurde.

Sturzflug

Beim Suchflug hat ein Rotmilan (rechts) ein Beutetier entdeckt! Nun geht's abwärts! Mit angewinkelten Flügeln saust er mit hoher Geschwindigkeit auf den Boden zu und erwischt sein Beutetier. Das geht so rasant, dass du den Atem anhältst und fürchtest, der Vogel würde auf dem Boden aufschlagen. Unbemerkt, durch kleine Winkelveränderungen an den Flügelfedern, kann er seinen Sturzflug in einen sanfteren Sinkflug verwandeln.

Sturzflüge und rasante Flugmanöver gehören nicht nur zur Jagd, sondern auch zum Balzverhalten dieser Vögel. Sie »imponieren« damit der Partnerin.

(Imponierflug)

Und wer ist der Schnellste? Messungen und die Auswertungen von Hochgeschwindigkeitskameras haben ergeben, dass der Wanderfalke bei seinem Sturzflug eine Geschwindigkeit von bis zu 389 Kilometer pro Stunde erreichen kann.

Fantastischer Fischadler

Der weltweit verbreitete Fischadler hat eine beeindruckende Flügelspannweite von 152 bis 174 cm. Sein Körper mit 52 bis 60 cm und sein Kopf sind dagegen klein. Du erkennst ihn leicht an seinen schmalen Flügeln mit vier freien »Fingern« seiner Handschwingen. Wenn er fliegt, sind die Flügel etwas geknickt und gegen den Himmel sieht er wie ein flaches M aus.

Fischadler sind Zugvögel und können extrem weit fliegen, z.B. im Herbst von Finnland nach Südafrika, und im Frühjahr wieder zurück.

Das Nest baut der Fischadler bei uns fast immer in der Krone von Bäumen. Es besteht aus Zweigen und wird bis zu 150 cm breit.

Im zeitigen Frühjahr beginnt bei den Fischadlern die Paarungszeit. Es ist Zufall oder Geduld, wenn du sie dabei beobachten kannst. Der Paarung voraus geht die Werbung des Männchens um das Weibchen. In tollen, akrobatischen Flugmanövern und Tänzen in luftiger Höhe versucht das Männchen das Weibchen zu beeindrucken. Es lockt die Auserwählte Richtung Nest und ruft dabei auffordernd. Manchmal findet dann dort die Paarung statt. War das Männchen bei der Balz erfolgreich, beschenkt es sein Weibchen mit einem Leckerbissen und zeigt damit, dass es seine Jungen später erfolgreich füttern wird.

Nach der Paarung legt das Weibchen ein bis vier Eier. Die Eiablage der Greife liegt allgemein im Frühjahr. Frühling und Sommer sind die geeigneteste Zeit für die Jungenaufzucht, weil es genug Futter gibt. Meist brütet das Weibchen allein. Das Männchen jagt und versorgt das brütende Weibchen. Nur kurzzeitig übernimmt er das Brüten, während sie frisst.

Der Fischadler benötigt bis zu 2 kg Fisch täglich, um satt zu werden. Er taucht beim Zugriff bis zu einem Meter tief ins Wasser und dreht seinen erbeuteten Fisch, der bis zu 1500 g schwer sein kann, immer mit dem Kopf in seine Flugrichtung. So ist der Luftwiderstand geringer!

Hungrige Greifvogeljunge

Sobald die Jungen nach 37 bis 41 Tagen schlüpfen, muss die Mutter die Jungen wärmen. Nicht immer ist gutes Wetter. Mit ausgebreiteten Schwingen schützt sie ihre Jungen vor Regen, Schnee und Graupelschauern. So frieren die Kleinen nicht, die noch ihre zarten Dunenfedern tragen. Erst nach und nach wächst das Jugendgefieder.

Wenige Tage alte Greifvogelküken sehen mit ihren weißen Dunenfedern alle recht ähnlich aus. Sobald sie ihr Jugendgefieder bekommen, kannst du sie aber unterscheiden. Hier zwei Rotmilanküken.

Die jungen Fischadler bekommen den meist vom Männchen gefangenen und über dem Nest abgeworfenen Fisch vom Weibchen in schnabelgerechte Stücke zerlegt und gefüttert.

Sobald das Männchen Beute bringt, zupft das Weibchen sie in Stückchen, damit sie in die kleinen, gierigen Schnäbel passen. Alles gerecht zu verteilen, ist dabei schwierig. Wer seinen Schnabel am weitesten aufreißt, ist meist der Sieger beim Kampf um die besten Brocken.

Wenn die Jungen größer sind und beide Eltern mit Beute zum Nest zurückkehren, drängeln und schubsen sich die Jungen gegenseitig zur Seite. Oft bekommen dabei schwächere Junge zu wenig Futter ab, verhungern oder fallen bei dem Gerangel aus dem Nest. Bald setzt die Mauser zum Jugendgefieder ein und der Tag des ersten Abflugs rückt näher. Wild flatternd stehen die jungen Fischadler auf dem Nestrand. »Flügge« sind sie nach ungefähr 50 bis 60 Tagen. Haben sie das Nest verlassen, füttern die Eltern ihre Jungen noch weitere zwei Monate.

Die schon recht großen und bald flüggen Fischadlerjungen trainieren im Nest ihre Flugmuskeln und schlagen deshalb oft lange mit den Flügeln (unten). Trotzdem lassen sie sich gut an der orangen Färbung der Augen von den Altvögeln, die gelbe Augen haben, unterscheiden.

Erfolgreicher Mäusejäger

Der Mäusebussard ist Europas häufigster Greifvogel. Mit einer Flügelspannweite von 109 bis 136 cm und einer Körpergröße von bis zu 52 cm gehört er zu den mittelgroßen Greifen. Kennzeichnend für ihn ist der ziemlich große Kopf auf kurzem Hals.

Im Flug erkennst du ihn an seinen breiten Flügeln mit den fünf Handschwingen am Ende sowie einer dunklen Schwanzbinde. Seine obere Körperseite ist braun, die weiße Brust braun gestrichelt oder gebändert. Je älter ein Mäusebussard, desto dunkler sein Gefieder. Die Iris seiner Augen ist dunkelbraun. Um so auffälliger sind seine gelben Beine. Bei den Jungvögeln sind die Federränder meist noch etwas weiß, ebenso wie ein auffälliges Band am Schwanzansatz. Je nach Vorkommen gibt es hellere und dunklere Mäusebussarde.

Männchen und Weibchen sehen völlig gleich aus.

Mäusebussarde kannst du am Himmel bestens beobachten. An den Straßen sitzt er gerne und hofft auf überfahrene Beutetiere. Ein riskantes Unternehmen, denn oft wird er dabei selbst zum Opfer. Er sitzt nicht nur in luftiger Höhe, sondern auch auf Erdhügeln, Steinen oder weit herunterhängenden Zweigen. Seine abgerundeten Handschwingen zeigen uns fünf Finger. Mäusebussarde ziehen im Frühjahr und Herbst nur kurze Strecken, um ihren Nahrungsbedarf zu decken. Ihr typisches Rufen und ihre Flugmanöver zur Balz sind spektakulär. Waldgebiete und offene Landschaften mit Feldern und Wiesen sind ihr Zuhause. Das Nest liegt hoch oben in den Bäumen, nahe am Stamm. Die zwei bis vier Eier brütet das Weibchen in 33 bis 38 Tagen aus. In der Zeit füttert der Mäusebussard Mäuse und kleine Vögel, Amphibien, Regenwürmer und Insekten.

Sehr helle oder gar seltene ganz weiße Mäusebussarde, die du manchmal, besonders im Winter, bei uns sehen kannst, kommen aus Skandinavien und Sibirien zu uns.

Abbildungen fliegender Mäusebussarde findest du auf den Seiten 8 und 16.

Haben Mäusebussarde im Winter ein totes Tier entdeckt, kommen oft mehrere, um davon zu fressen. Dann gibt es oft Streit, den die diebische Elster nutzt.

25

Ungewöhnlicher Wespenbussard

Der Wespenbussard nimmt unter den in Europa lebenden Greifvögeln eine Sonderstellung ein: Er ernährt sich am liebsten von Wespen, deren Nester er mitsamt der Larven darin ausgräbt. Er nutzt dazu sowohl seine langen, schlanken Beine als auch den für einen Greifvogel kleinen Schnabel. Auch die Jungen werden mit zum Nest transportierten Wespen- und Hummellarven gefüttert. Sieht man ihn von Ferne, erinnert sein Kopf an den einer Taube mit Hakenschnabel. Mit bis zu 60 cm Größe und 150 cm Flügelspannweite ist er größer als sein Verwandter, der Mäusebussard.

Wespenbussardweibchen

Wespenbussardmännchen im Flug und Portrait.

Auch das sehr hoch auf Bäumen angelegte Nest hat eine Besonderheit: Es wird während der ganzen Brut- und Nestlingszeit mit frischen Zweigen gepolstert.

Während das Weibchen die ein bis drei Eier etwa 33 Tage lang fast immer allein bebrütet, sorgt das Männchen für Nahrung und versorgt damit seine Partnerin sowie die dann frisch geschlüpften Jungen.

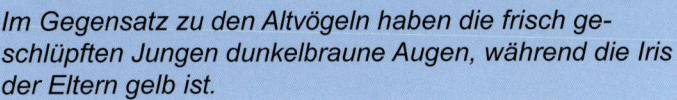

Im Gegensatz zu den Altvögeln haben die frisch geschlüpften Jungen dunkelbraune Augen, während die Iris der Eltern gelb ist.

Junge Wespenbussarde müssen sich mit ihrer Entwicklung zum selbstständigen Vogel ziemlich beeilen. Schon im September steht die weite Reise in ihr Winterquartier südlich der Sahara in Afrika an. Dort bleiben sie dann allerdings zwei bis drei Jahre, ehe sie geschlechtsreif zu ihrer ersten eigenen Brut zurück nach Europa fliegen.

Seltene Weihen

Die Rohrweihe hat ihr Zuhause an Seen und Flüssen mit einem breiten Schilfgürtel. Dort streift sie in gaukelndem Flug auf der Suche nach Beutetieren wie jungen Enten, anderen Wasservögeln, aber auch Fröschen, Insekten und vielem mehr dicht über das Schilf und die angrenzenden Wiesen.
Im dichten Schilf steht auch ihr Nest, das von beiden Altvögeln gebaut wird. Mit einer Flügelspannweite bis 145 cm erinnert der Vogel an den Mäusebussard, ist aber etwas größer, hat lange breite Flügel und einen auffällig langen Schwanz. Manchmal sitzen sie auf dem Boden oder auf Bäumen, in denen sie kaum zu entdecken sind, so gut sind sie getarnt.

Das Gefieder von Männchen und Weibchen unterscheidet sich deutlich. Am auffälligsten ist bei fast allen Weibchen die rahmgelbe Kopfplatte. Beim Balzflug des Männchens wirst du an eine Flugschau erinnert, bei der das Männchen dem Weibchen sogar ein kleines Beutegeschenk überreicht. Oft wehrt jedoch das Weibchen das Männchen mit seinen Klauen zunächst ab.

Die Männchen der Rohrweihe haben einen grauen Kopf, weiße Flügelunterseiten mit schwarzen Handschwingen.

Nach der erfolgreichen Paarung legt das Weibchen zwei bis sieben Eier, die in 31 bis 38 Tagen ausgebrütet werden. Die Jungvögel sind nach 35 Tagen flugfähig, werden aber nach dem Ausfliegen noch 20 Tage lang von den Eltern gefüttert. Insekten, Kriechtiere, Amphibien, Hasen und Jungvögel von Watvögeln, Enten und Möwen stehen bei der Rohrweihe auf dem Speiseplan

Die mit einer Flügelspannweite von höchstens 123 cm viel kleinere Wiesenweihe (unten das blaugraue Männchen) hat früher meist in Wiesen gebrütet. Heute werden Wiesen ab Mai meist fünfmal gemäht, was viele Wiesenweihennester zerstört und Jungvögel tötet.

Die Wiesenweihe hat sich deshalb in die Kornfelder zurückgezogen, die erst im Juli/August gemäht werden. Hier siehst du zwei Nestlinge und die Mutter mit Beute. Wiesenweihen sind bei uns recht selten, doch noch viel seltener ist die ziemlich ähnliche Kornweihe.

Majestätische Seeadler

mächtigem Schnabel machen ihn unverwechselbar. In wenigen Sekunden vermag er mit seinen kräftigen Flügeln eine Geschwindigkeit von bis zu 70 km/h erreichen. Er entdeckt seine Beute von hohen Warten aus, von Bäumen oder großen Steinen. Die Paare sind ein Leben lang zusammen, gebrütet wird in Felswänden und Bäumen, wobei die Tiere gerne mehrere Nester anlegen. Jedes Jahr werden die Nester weiter ausgebaut und entwickeln sich zu mächtigen Zweiginseln, die bis zu mehrere Meter im Durchmesser erreichen.

Der Wappenvogel von Deutschland mit einer Flügelspannweite von 180 bis 244 cm und einer Körperlänge von bis zu 90 cm ist ein wahrhaft imposantes Tier, der größte Greifvogel Nordeuropas.
Kein Wunder, dass er gerne bei Flugschauen gezeigt wird. Starke, breite Flügel mit eingekerbten Fingern, ein kurzer, keilförmiger Schwanz und ein großer Kopf mit

Regelmäßig suchen sie die Spülsäume der Gewässer, an denen sie leben, nach Beutetieren ab. Gestrandete Vögel, Eier, Vogeljunge aus Möwenkolonien, Fische, die nahe unter der Wasseroberfläche entdeckt werden dienen als Nahrung. Manchmal jagen die Seeadler ihre Beute, zwingen sie zur aussichtslosen Flucht und greifen zu, wenn die Beute völlig erschöpft ist.

Auch bei Seeadlern ist das Weibchen größer und mächtiger als das Männchen. Die drei Eier werden von den Eltern abwechselnd bebrütet. Die Jungen schlüpfen nach 38 Tagen und sind mit 70 bis 90 Tagen flügge. Sie werden einen weiteren Monat von den Eltern gefüttert.
Die Familie der Adler ist groß, in Deutschland brüten außer dem Seeadler aber nur noch der ebenso mächtige Steinadler in den Alpen sowie der viel kleinere Schreiadler. In Europa gibt es weitere Adler, von denen sich aber nur ganz selten mal einer nach Deutschland verirrt: Kaiseradler, Steppenadler, Schlangenadler, Habichtsadler, Zwergadler und Schelladler. Alle sind viel kleiner.

Besonders wenn im Winter die Süßwasserseen vereist sind, ziehen viele Seeadler ans nicht zufrierende Meer oder müssen sich von verendeten Tieren ernähren.

Auch der Steinadler nimmt im Winter gerne Aas als Nahrung an. Doch im Gebirge, wo er lebt, kann er auch andere Beutetiere wie Hasen, Füchse, Gams- und Rehkitze sowie Hirschkälber schlagen.

Schnittiger Turmfalke

Schnell, elegant, kräftig, stromlinienförmig, mit spitzen Flügeln, überragende Jäger, die von einer fliegenden Ameise bis zum Kaninchen und größeren Vögeln zielsicher Beute machen – das sind die Falken, die ja eigentlich gar nicht zu den Greifvögeln gehören, sondern »konvergent«, also nur ähnlich, aber nicht verwandt sind.

Insgesamt gibt es 38 Falkenarten auf der Welt, von denen zehn in Europa, aber nur drei in Deutschland brüten. Sie bauen keine eigenen Nester, sondern nutzen die anderer Vögel, z.B. von Krähen oder nisten in Baumhöhlen, in Nistkästen, Kirchtürmen oder unterm Dach – Falken finden überall ein Zuhause für ihre Jungenaufzucht.

Der bei uns häufigste Falke ist der Turmfalke, der mit einer Körpergröße von 27 bis 35 cm und einer Spannweite von 57 bis 79 cm der kleinste der drei bei uns lebenden ist. Er fliegt gerne über Wiesen, abgeerntete Felder und Böschungen, rüttelt über frisch gemähten Wiesen und nimmt die kleinste Bewegung seiner Lieblingsbeute, den Mäusen, wahr.

Er erkennt sogar die für uns unsichtbare ultraviolette Strahlung der Sonne, die vom Urin von Wühlmäusen reflektiert wird. Die Wühlmäuse markieren ihre Wege nämlich mit Urintropfen. Er kann diese verräterische Spur der Wühlmäuse tatsächlich SEHEN!

Turmfalken brüten manchmal in Kolonien. Ihr Geschrei zur Balzzeit entgeht niemandem, wobei der Ort der Balz nicht unbedingt auf den Brutplatz schließen lässt. Aus den drei bis sechs Eiern schlüpfen die Jungen nach 27 bis 35 Tagen. Das Männchen jagt dann auch Insekten, Eidechsen, Libellen und mancherorts Fledermäuse. Kehrt es zum Nest zurück, wird die Nahrung vom Weibchen gleich schnabelgerecht zerteilt und verfüttert.

Zur Balz gehöhren auch bei Turmfalken kleine Geschenke. Dies sind
meist vom Männchen gefangene Mäuse, die unter lautstarkem Geschrei
beider Partner überreicht werden.

Sobald das Weibchen dann seine
Paarungsbereitschaft signalisiert
hat, fliegt das Männchen auf dessen
Rücken und begattet es.

Einige Tage später beginnt das
Weibchen die Eier in ein zuvor
schon bezogenes Nest zu legen.
Falken bauen keine eigenen
Nester.

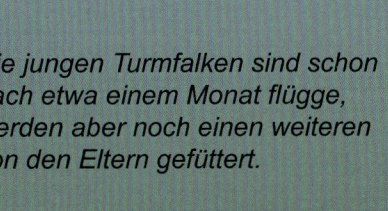

Die jungen Turmfalken sind schon
nach etwa einem Monat flügge,
werden aber noch einen weiteren
von den Eltern gefüttert.

Rekordhalter Wanderfalke

Der Wanderfalke ist der größte bei uns lebende Falke. Seine Flügelspannweite kann stattliche 114 cm betragen. Bei seinen rasanten Jagden mit spektakulären Sturzflügen soll er mit bis zu 389 km/h auf die Beute zurasen, sie im Flug erwischen und töten, sodass sie zu Boden fällt.

Wanderfalken leben weltweit und in allen Landschaftsformen, außer in der Antarktis. Bei uns können wir sie nur selten sehen. Lange Zeit galten sie bei uns als beinahe ausgestorben, weil sie durch das Ausbringen von Giften zur Schädlingsbekämpfung keine Bruterfolge mehr hatten. Die Eischalen wurden dünn und brüchig. Außerdem stellten ihnen Taubenzüchter nach, weil Tauben zur Lieblingsspeise des Wanderfalken gehören. Nach Eindämmung dieser Gefahren, haben sich die Bestände langsam erholt.

Heute findest du sie sogar in Großstädten wie Berlin , wo er auf Kirch- und Rathaustürmen sowie an Hochhäusern brütet.

Hat sich ein Falkenpaar einmal gefunden, bleibt es ein Leben lang zusammen.

Der Nistplatz liegt da, wo es genügend Nahrung für die Jungen gibt. Aus den drei bis vier Eiern schlüpfen die Jungen nach 29 bis 32 Tagen. Sie werden meist mit Vögeln gefüttert, die dem geschickten Jäger selten entkommen. Nach etwa 40 Tagen sind die Jungen flügge, werden aber noch mehrere Wochen von den Eltern mit Nahrung versorgt. Das geschickte, erfolgreiche Jagen müssen sie erst erlernen.

Einige Tage nach der Paarung legt das Weibchen die rotbraun marmorierten Eier an den unterschiedlichsten Plätzen ab. Steht keine Felsnische oder Höhlung, kein Nistkasten oder altes Krähennest zur Verfügung, legt sie sie einfach in den Sand.
Die flüggen Jungen werden auf das Erjagen der Beute trainiert, indem ein Altvogel über ihm fliegend den erbeuteten Vogel fallen lässt und der Jungfalke ihn in der Luft fangen muss. Damit die Beute nicht verloren geht, fliegt der andere Altvogel darunter und fängt sie wieder auf.

Im Dienst des Falkners

Die »Beizjagd«, die Jagd mit einem Greifvogel, ist eine weit über 3 000 Jahre alte kunstvolle Jagdmethode. Wahrscheinlich entstand sie in der ausgedehnten Tundralandschaft Mittelasiens. Dort wird noch heute vom Pferd aus mit Adlern Jagd auf Hasen und andere Tiere gemacht.

Auch bei uns war die »Beizjagd« bei Fürsten und Königen bis ins 19. Jahrhundert sehr beliebt. Heute nutzt man diese Jagdtechnik vor allem dort, wo nicht auf Tiere geschossen werden darf, z.B. in Wohngebieten. Dort sorgen Falkner mit ihren Greifen dafür, dass Kaninchen, Mäuse oder Ratten nicht zu viel Schaden anrichten.
Zudem sorgen sie an Flughäfen dafür, dass Vogelschwärme vertrieben werden und nicht mit Flugzeugen zusammenstoßen.

Freilebende Greifvögel wurden viele Jahrzehnte lang erbarmungslos verfolgt und geschossen, denn sie stellten in den Augen vieler Jäger, die es selbst auf Fasane oder Hasen abgesehen hatten, eine Konkurrenz dar. Einige Greifvogelarten wurden deshalb nahezu ausgerottet.
Heute ist das Töten, Stören oder Ausnehmen der Horste aller unserer Greifvögel verboten. Viele der jetzt bei uns tätigen, etwa 2 000 Falkner, setzen sich mit der Zucht und Auswilderung bedrohter Greifvogelarten sehr für den Naturschutz ein.
Anders wäre es kaum möglich gewesen, den schon fast bei uns ausgestorbenen Wanderfalken wieder so gut anzusiedeln, dass er nun in ganz Deutschland brütet.

Die Künste der Falkner und ihrer Vögel können wir heute bei Greifvogelschauen und in Naturparks bestaunen. Ein faszinierendes Schauspiel und eine bewundernswerte Vertrautheit zwischen Mensch und Tier, wie du sie vielleicht bei so kraftvollen Vögeln nicht vermuten würdest. Die Ausbildung der majestätischen Tiere gelingt nur, wenn der Vogel von klein auf an den Menschen gewöhnt ist. Deshalb raubten früher Menschen viele Greifvogelhorste aus, brüteten die Eier künstlich aus und zogen die Jungvögel auf.

In vielen anderen, besonders arabischen Ländern werden Greife auch heute noch zur Jagd und bei Wettbewerben eingesetzt.

Was für ein Schauspiel! Ein Falkner hat einen schweren Lederhandschuh übergezogen, der Hand und Arm vor den scharfen Fängen seines Falken schützt. Der Arm ist Sitz- und Landeplatz für den Greif, der auf Befehl nach einer Beute jagt und sie seinem Besitzer bringt.

Solange das Tier noch keine Aufgabe hat, trägt es oft eine Haube auf dem Kopf. Damit wird die Wahrnehmung von Geräuschen und Bewegungen verhindert, sodass der Vogel nicht abgelenkt wird. Erst wenn es so weit ist, dass er seine Aufgabe bekommt, zieht der Falkner die Haube vom Kopf des Tieres ab.

Der seltene Gerfalke ist mit bis zu 60 cm der größte und kräftigste Falke. Er lebt fast nur im hohen Norden Europas. Leider leidet seine Art sehr unter dem Diebstahl der Eier, da für diese in arabischen Ländern von Scheichs zehntausende Euro bezahlt werden.

Wunderbare Milane
Der Rotmilan

Wie ein Spielzeugdrachen hängt der Rotmilan im Wind, fliegt mal hoch mal, tief und wir können gut erkennen, wie er seinen charakteristischen Gabelschwanz dabei als Steuerruder benutzt.
Im Frühjahr freuen wir uns über den Rückkehrer, der den Winter teilweise in Spanien und Frankreich verbrachte.
Er steht streng unter Naturschutz. Sein Vorkommen hat schon so manches Aufstellen von Windrädern verhindert, weil er sonst möglicherweise von diesen erschlagen würde. Seine Flügelspannweite erreicht maximal 171 cm, was unvorstellbar erscheint, wenn man ihn beobachtet.
Der Rotmilan liebt hügelige Landschaften mit Wiesen und Wäldern, Äckern und Hecken. Während der Vogel im Süden als Standvogel gilt, ziehen die aus dem Norden ab Mitte August nach Spanien und Frankreich, wo sie bis zum Februar / April bleiben. Nach wunderschönen Balzflügen mit Scheinangriffen, Sturzflügen und anderer Luftakrobatik baut das Paar ein Nest in hohen Laub- oder Nadelbäumen, das mit allerhand Fundstücken, wie Papier, Wolle und Plastikteilen ausgepolstert wird.
Die ein bis vier Eier brütet das Weibchen allein. Erst bei der Jungenaufzucht ist das Männchen gefordert und bringt Vogeljunge, kleine Säugetiere, Fische, Amphibien, Insekten oder Aas zum Horst, die es mittels niedrigem Suchflug aufgestöbert hat.

Der Schwarzmilan

Der Schwarzmilan ist mit einer Flügelspannweite bis zu 153 cm etwas kleiner. Das Federkleid ist dunkler als das des Rotmilans und weniger gemustert. Die Schwanzgabelung ist weniger tief. Der Schwarzmilan fühlt sich in allen Regionen wohl, mag aber das Tiefland am liebsten. Er brütet gern in Baumgruppen in der Nähe von Gewässern. Als Zugvogel verbringt er die Wintermonate in Afrika.

Anders als die meisten Greifvögel, ist der Schwarzmilan ein Müllkippenbesucher, der Essensreste verzehrt und auch sein Nest mit allerlei Unrat auspolstert. Lebt er weit ab von solchen Gebieten in der Natur, greift er gern tote Fische von nahen Gewässern, fängt aber auch häufig gesunde Fische. Ferner erjagt er Regenwürmer, Insekten, Mäuse und vor allem Jungvögel.

Vogeljäger Sperber

Der Sperber ist ein heimlicher Angreifer, der im Gebüsch und im Astwerk von Bäumen versteckt auf den richtigen Moment zum Angriff wartet. Nur selten wirst du ihn am Himmel sehen und wenn doch, wird er meist von wütenden Schwalben verfolgt. Er lebt sehr zurückgezogen, ist aber für seine blitzartigen, unvermittelten Angriffe berüchtigt. Sperber haben eine ganz typische Körperform, einen

kleinen Kopf, kurze, breite Flügel, quergebändertes Brustgefieder, gelbe Beine und einen langen Schwanz. Hörst du im Sommer die Schwalben aufgeregt am Himmel schreien, verfolgen sie meist einen von ihnen entdeckten Sperber.

Auch so manch Besucher eines Vogelhäuschens wird Opfer des schnellen Greifs. »Ein Schattenjäger« wird er gern genannt, weil er im Verborgenen lebt und oft nur noch als Schatten wahrgenommen wird, wenn er zugeschlagen hat.

Am liebsten frisst und schlägt er kleine Sperlingsvögel, fünf bis sechs Stück pro Tag, die gerupft zum Nest gebracht und vom Weibchen an die Jungen verteilt werden.

Dieses Sperbermännchen rupft einen geschlagenen Vogel am Boden. Anschließend trägt es seine Beute fort. Kreisförmig bleiben die ausgerupften Federn des Opfers um die nun leere Stelle liegen.

Sperber und Habicht sind leicht miteinander zu verwechseln.

Familie Sperber baut ihr Nest in Bäumen, dicht am Stamm in 7 m Höhe, aber auch in Sträuchern. Die fünf gefleckten Eier werden fünf Wochen lang bebrütet. Die Jungen wachsen schnell heran, schon nach 30 Tagen sind sie flügge.

Geschickter Habicht

Ähnlich gefährlich ist der schöne, leider sehr bedrohte Habicht. Auch bei ihm sind die Weibchen mit bis zu 64 cm und etwa 2 kg Gewicht deutlich größer als die nur 49 bis 56 cm messenden Männchen mit 500 bis 700 g. Sie erinnern eher an ein Sperberweibchen. Die unterschiedliche Größe der Partner ist ein wichtiges Unterscheidungsmerkmal.

Beide Arten haben sechs deutlich gefingerte Handschwingen. Der Habicht wurde früher gerne als Jagdgenosse der Adligen gehalten. Vögel wie Meisen, Spatzen, Buchfinken bis zu Enten und Säugetiere bis Hasengröße, aber auch Eichhörnchen oder die Hühner im Garten sind seine Opfer. Bei seinen Stoßflügen kann das Habichtweibchen, das eine Flügelspannweite von bis zu 120 cm hat, eine Geschwindigkeit von 150 km/h erreichen.

Das Paar baut in Laub- und Nadelbäumen, die Eier bebrütet das Weibchen in der Regel allein, während das Männchen die Nahrung

beschafft und Wache hält. Sobald die Jungen größer werden, zieht sich das Männchen mehr zurück und überlässt dem Weibchen die Aufzucht. Im Alter von drei bis vier Monaten fliegen die Jungvögel ihrer eigenen Wege.
Natürliche Feinde des Habichts sind Waschbär, Marder und andere Greife. Die größte Gefahr droht ihm durch Menschen, die die Biotope vernichten, Gifte ausbringen oder ihn sogar unrechtmäßig töten!

Der Habicht ist ein beliebter Jagdgehilfe der Falkner bei der Kaninchenjagd in Städten.

Wegen seiner gelben bis orangefarbenen Augen ist der Habicht trotz der manchmal ähnlichen Gefiederzeichnung und Größe der Weibchen, kaum mit dem Mäusebussard zu verwechseln, da dieser braune bis schwarzbraune Augen hat.

Wartende Geier

Da sitzt er und wartet auf den Tod!
Nicht etwa auf seinen Tod, sondern auf den
eines anderen, großen Tieres, welches er
vielleicht verletzt entdeckt hat.
Geier sind Greifvögel, aber keine Jäger.
Sie kontrollieren die Landschaft und überall
dort, wo ein anderes Tier gestorben ist, sind
sie zur Stelle um aufzuräumen.

Die einzige Geierart, die du mit etwas Glück bei uns in den Alpen beobachten kannst, ist der wieder angesiedelte Bartgeier. Mit einer Flügelspannweite von bis zu 283 cm ist er der größte, aber auch seltenste europäische Geier. Seinen Namen trägt er wegen des kleinen schwarzen Bärtchen unter dem Schnabel *(Bild rechts)*.

Die mit einer Spannweite von 270 cm nur etwas kleineren Gänsegeier kannst du ziemlich häufig in Spanien beobachten. Das Besondere an ihnen ist, dass sie ganz viele andere Tiere in ihrem Umfeld dulden, also auch andere große Vogelarten, Marder und Füchse. Auf dem langen dünnen Hals tragen sie einen kleinen Kopf mit einem riesigen Schnabel *(Bild Seite 12)*. Den brauchen sie, um von den vertrockneten Kadavern toter Tiere die Haut auf- und das trocken gewordene Fleisch herauszureißen.

Entsprechend kräftig sind ihre Beine und Krallen, denn die nehmen sie dabei zur Unterstützung. Geier lieben Steilhänge und Gebirge, an denen sie die Winde davor zum Aufsteigen in die Lüfte nutzen.

Unsere weitere Fotosachbücher: brillant, informativ,

978-3-930038-45-9

978-3-930038-13-8

978-3-930038-24-4

978-3-930038-17-6

978-3-930038-74-9

978-3-930038-15-2

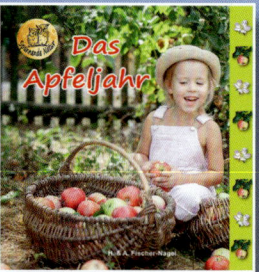
978-3-930038-04-6

978-3-930038-64-0

978-3-930038-90-9

978-3-930038-38-1

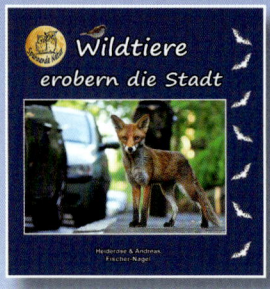
978-3-930038-67-1

978-3-930038-25-1

978-3-930038-87-9

978-3-930038-46-6

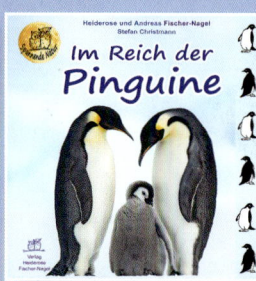
978-3-930038-47-3

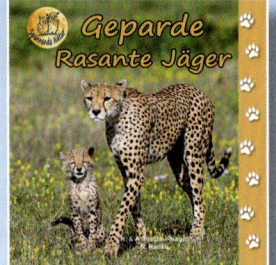
978-3-930038-63-3

978-3-930038-31-2

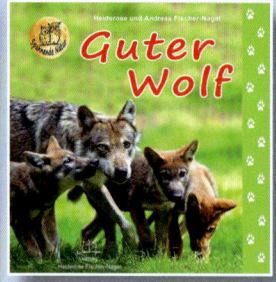
978-3-930038-36-7

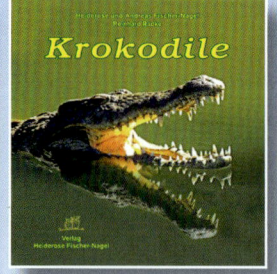
978-3-930038-35-0

978-3-930038-73-2

In Ihrer Buchhandlung oder Verlag Heiderose Fischer-Nagel, Brunnenstraße 7, D-34286 Spangenberg-